Influenza del middle man

Qamaldeen Saeed

Influenza del middle management sulle iniziative strategiche

L'influenza dei dirigenti intermedi sulla formulazione e l'attuazione delle iniziative strategiche: Uno studio su Tullow Oil Ghana

ScienciaScripts

This book is a translation from the original published under ISBN 978-3-659-85026-4.

Publisher:
Sciencia Scripts
is a trademark of
Dodo Books Indian Ocean Ltd. and OmniScriptum S.R.L publishing group

120 High Road, East Finchley, London, N2 9ED, United Kingdom
Str. Armeneasca 28/1, office 1, Chisinau MD-2012, Republic of Moldova, Europe

ISBN: 978-620-8-32150-5

CONTENUTI

1. INTRODUZIONE

La domanda di energia a livello mondiale è cresciuta rapidamente negli ultimi decenni a causa dell'aumento della popolazione mondiale e della diffusione della prosperità economica nei Paesi in via di sviluppo. Negli ultimi decenni, il petrolio è stato il principale componente del mix di approvvigionamento energetico. Gli analisti prevedono che questa tendenza continuerà nei prossimi decenni, con la crescita della popolazione e l'aumento del tenore di vita nei Paesi in via di sviluppo. Nel tentativo di soddisfare questa crescente domanda di petrolio e gas naturale, le società di esplorazione di petrolio e gas sono costrette a cercare nuove riserve di petrolio in aree relativamente inesplorate o di frontiera (Exxon Mobil, 2012).

Una delle società che hanno avuto molto successo nel trovare petrolio in aree relativamente inesplorate è Tullow Oil Plc. L'azienda è cresciuta dalle sue umili origini, come piccola compagnia petrolifera e del gas, fino a diventare una delle più importanti società indipendenti di esplorazione e sviluppo del mondo. Il gruppo è attualmente classificato come la prima società upstream indipendente del Regno Unito (UK) nella UK Upstream Independent League Table di Deloitte e ha una capitalizzazione di mercato di circa 13 miliardi di sterline (www.deloitte.com, 2012). Negli ultimi anni, il gruppo ha continuato a perseguire la sua strategia di crescita guidata dall'esplorazione e ha prodotto tassi di successo di perforazione leader del settore in aree relativamente inesplorate come l'Uganda, il Golfo di Guinea e l'offshore della Guyana francese. Nel corso degli anni il gruppo ha anche dimostrato una notevole esperienza nella gestione del portafoglio, trovando l'equilibrio ottimale tra la dismissione di attività, per liberare fondi da investire in altri progetti, e le acquisizioni strategiche che aggiungono valore al portafoglio di attività del gruppo. Questa esperienza ha permesso a Tullow di raggiungere le priorità strategiche delle sue attività di gestione del portafoglio, che consistono nell'assicurare al gruppo i fondi necessari per continuare a gestire efficacemente le sue operazioni e per ricostituire il potenziale di crescita del suo portafoglio di attività. Il gruppo continua a registrare ottime performance nelle altre attività, tra cui lo sviluppo e le operazioni, la gestione del rischio e la responsabilità sociale d'impresa (Tullow Annual Report, 2011).

Questa relazione sostiene che il successo di cui Tullow ha goduto, e continua a godere, può essere attribuito alla sua capacità di formulare le giuste strategie e alla capacità dei suoi dipendenti in prima linea di implementarle efficacemente. La letteratura manageriale sul ruolo dei middle manager nelle organizzazioni suggerisce che la performance di un'organizzazione è positivamente correlata all'influenza dei suoi middle manager sulla formulazione e sull'attuazione della strategia (Currie e Procter, 2005). I middle manager agiscono come "intermediari" o mediatori tra l'alta direzione di un'organizzazione e i suoi dipendenti in prima linea. Le attività di questi manager sono cruciali perché cercano di influenzare i dirigenti senior a formulare iniziative strategiche che affrontino le sfide che l'organizzazione affronta quotidianamente, mentre allo stesso tempo cercano di garantire che le attività del nucleo operativo raggiungano i risultati previsti dalle iniziative strategiche (Watson e Wooldridge, 2005; Wooldridge, Schmid e Floyd, 2007; Maitlis e Sonenshein, 2010).

Questo rapporto è una piccola indagine sui ruoli strategici dei middle manager di Tullow Oil Ghana (TOG), una delle unità aziendali del Gruppo, per capire come influenzano la formulazione e l'attuazione delle iniziative strategiche di TOG in particolare e di Tullow Oil Plc nel suo complesso. Il rapporto cerca di capire in che modo i middle manager di Tullow influenzano la strategia, trovando risposte alle seguenti tre domande

1. Che tipo di influenza esercitano i middle manager in Tullow Oil Ghana?

2. In che modo i fattori contestuali di Tullow Oil Ghana inibiscono o permettono ai middle manager di influenzare la strategia?

3. In che modo i middle manager influenzano la strategia di Tullow Oil Ghana?

Tullow Oil plc continua a fare passi da gigante, diventando una delle principali società indipendenti di petrolio e gas del mondo. Questa sezione del rapporto illustra la crescita di Tullow Oil da piccola azienda a leader nell'esplorazione e produzione (E&P) in Africa. La sezione discute poi la struttura organizzativa del gruppo e la domanda o la natura del problema che questo documento cerca di risolvere, ovvero come i middle manager di Tullow Oil Ghana influenzano la formulazione e l'attuazione delle iniziative strategiche.

2. STORIA E PERFORMANCE RECENTI DI TULLOW

Tullow Oil plc, comunemente chiamata Tullow, è la più grande società indipendente di esplorazione e produzione di petrolio e gas (E&P) del Regno Unito. Attualmente opera in 22 Paesi, impiega circa 1548 persone e dispone di riserve petrolifere pari a 1.743 milioni di barili di petrolio equivalente (mmboe) (Tullow Oil plc, 2011). Nel corso della sua storia, l'azienda ha riscosso un notevole successo e negli ultimi tre anni è stata classificata da Deloitte come la prima società indipendente di petrolio e gas del Regno Unito. Il gruppo è solitamente definito lo specialista dell'Africa per la sua audace strategia di esplorazione, che si concentra sull'Africa, e per il successo ottenuto nel continente (Tullow Oil plc, 2011; Deloitte, 2011).

L'amministratore delegato di Tullow, Aidan Heavey, ha fondato Tullow nel 1986. La società ha iniziato a operare in Senegal nel 1987, dopo aver acquisito una licenza nel Paese un anno prima. Tullow Oil plc è stata quotata in borsa a Londra e in Irlanda nel 1987, lo stesso anno in cui è iniziata la produzione e la vendita di gas in Senegal. La società ha continuato ad aumentare il proprio portafoglio di attività acquisendo acri di esplorazione e campi petroliferi nel Regno Unito nel 1988. All'inizio degli anni '90, Tullow aveva acquisito terreni in Italia, Spagna e Yemen, portando a otto il numero totale di Paesi in cui aveva attività o terreni di esplorazione (Tullow.com, 2012). Negli anni '90 la società ha continuato a compiere progressi costanti. Nel 1990 ha acquisito la sua prima licenza petrolifera in Asia meridionale, in Pakistan, e ha iniziato le attività di esplorazione nel Paese. Nel 1994 il gruppo ha scoperto del gas nel suo giacimento di Sara, in Pakistan, e ha acquisito licenze petrolifere in altri Paesi. Alla fine degli anni '90, l'azienda disponeva di riserve comprovate di 73 mmboe e 89 dipendenti in otto Paesi. (Tullow.com, 2012)

Tullow ha attraversato un periodo di rapida crescita negli anni 2000. L'azienda ha effettuato la sua prima grande acquisizione nel Regno Unito, quando ha acquisito due giacimenti di gas produttivi, i giacimenti Orwell e Gawain, e altre infrastrutture associate da British Petroleum per 201 milioni di sterline. L'acquisizione ha reso Tullow una delle principali compagnie petrolifere e del gas nell'area del Tamigi-Hewett. La società ha continuato a perseguire la sua strategia di acquisizione di riserve, nonché di ricerca e sviluppo di riserve petrolifere proprie per tutto il resto del decennio. Nel 2004, Tullow ha speso circa 1 miliardo di dollari in acquisizioni e investimenti in esplorazione, sviluppo e produzione. L'acquisizione di Energy Africa Limited, per un valore di 500 milioni di dollari, ha permesso a Tullow di raddoppiare le sue dimensioni e di raggiungere livelli di produzione e profitti record. (Tullow.com, 2012; OilandGasJournal.com, 2012)

Il 2006 si è rivelato un altro anno di trasformazione per Tullow. La società ha effettuato scoperte di petrolio e gas sia nel Regno Unito che in Uganda, trovando petrolio in sette dei dodici pozzi esplorativi perforati in quell'anno. In quell'anno ha anche effettuato la più grande acquisizione della sua storia, acquistando Hardman Resources Limited, con sede a Perth, per 1 miliardo di dollari. L'acquisizione portò la produzione giornaliera di Tullow a 58.540 barili di petrolio equivalente (boe) e le permise di essere presente operativamente in 22 Paesi. L'acquisizione e le scoperte hanno aiutato Tullow a registrare forti risultati finanziari e la società ha concluso l'anno con circa 506 mmboe di riserve (Oil and Gas Journal Editors, 2012; Tullow.com, 2012).

Negli ultimi anni, il gruppo ha continuato a registrare solidi risultati operativi. Nel 2007 ha effettuato la sua più grande scoperta di petrolio nel Golfo di Guinea, al largo del Ghana. Ha inoltre continuato a raggiungere tassi di successo leader del settore nell'esplorazione e nella valutazione. Ha raggiunto tassi di successo dell'87%, 83% e 74% rispettivamente nel 2009, 2010 e 2011. Il gruppo ha inoltre consolidato la sua reputazione di operatore di sviluppo in acque profonde quando ha avviato con successo la produzione del giacimento Jubilee nel 2010, in tempi record e rispettando il 5% del budget (Tullow Oil Plc, 2011).

Il gruppo detiene attualmente oltre 100 licenze petrolifere e ha una presenza operativa in 22 Paesi. Tuttavia, attualmente possiede attività produttive in nove Paesi, tra cui Regno Unito, Ghana e Bangladesh. Le operazioni negli altri Paesi, come Uganda e Guinea Equatoriale, sono in varie fasi di esplorazione e sviluppo. Il gruppo ha inoltre effettuato una serie di acquisizioni e stipulato accordi con l'obiettivo di migliorare le sue prospettive di crescita e di avere la flessibilità necessaria per perseguire la sua strategia di crescita basata sull'esplorazione. Nel 2011 ha acquisito Nuon Exploration and Production per oltre 400 milioni di dollari. L'acquisizione, che comprendeva attività produttive nel settore olandese del Mare del Nord, ha aumentato la produzione di Tullow nel Mare del Nord a 23.000 barili di petrolio equivalente al giorno (boepd) e ha aggiunto 23 mmboe alle sue riserve nel Mare del Nord (Thomson, C at Ft.com, 2012; Tullow Oil plc. annual report, 2012).

I risultati finanziari del gruppo negli ultimi anni hanno rispecchiato la sua forte performance operativa. I ricavi del gruppo hanno continuato ad aumentare ogni anno grazie alla crescita della produzione dei suoi giacimenti e ai prezzi elevati delle materie prime. Nel 2011, il gruppo ha generato un fatturato record di 2,3 miliardi di dollari e un utile al netto delle imposte di 689 milioni di dollari. Nel 2011, inoltre, Tullow ha registrato solide prestazioni in materia di salute, sicurezza e ambiente (HSE) e sta attualmente adottando misure che le consentiranno di posizionarsi costantemente tra i primi quartili in termini di prestazioni HSE nel settore (Tullow Oil Plc Annual Report, 2011).

2.1 LA NATURA DEL PROBLEMA

La forte performance operativa di Tullow nel corso degli anni può essere in gran parte attribuita all'elevato tasso di successo nelle esplorazioni in aree di frontiera, alla capacità di concludere alcuni dei migliori accordi del settore e alla gestione prudente del suo portafoglio di attività. Questi fattori sono fondamentali per Tullow per raggiungere e sostenere la sua visione di diventare il leader mondiale indipendente. Per realizzare questa visione, Tullow persegue una strategia di crescita guidata dall'esplorazione, che si concentra sulla realizzazione di scoperte di grande impatto e sulla crescita della produzione. La decisione di perseguire tale strategia viene presa al livello superiore o aziendale dell'organizzazione. Questo tipo di decisioni determina la direzione generale dell'azienda (Tullow Oil plc, 2011).

Tuttavia, nella maggior parte delle organizzazioni le decisioni strategiche che determinano la direzione generale dell'azienda non vengono prese in modo isolato e spesso si basano su informazioni ottenute dall'ambiente e dall'interno dell'organizzazione. Le organizzazioni utilizzano la strategia come un quadro di riferimento che implica l'acquisizione, la produzione, la manipolazione e la diffusione di informazioni in modo da dare significato, scopo e direzione a un'organizzazione (Weick, 1995). Nel caso di Tullow, il consiglio di amministrazione determina la direzione strategica dell'organizzazione. Il consiglio d'amministrazione fornisce la supervisione della direzione strategica di Tullow in consultazione con altri gruppi posizionati più in basso nella struttura organizzativa, come i direttori esecutivi e la direzione delle unità operative regionali. Questi gruppi aiutano il Consiglio a determinare la direzione strategica di Tullow fornendogli informazioni per migliorare la formulazione della strategia. Le informazioni che forniscono sono ottenute dai livelli più bassi della gerarchia organizzativa, attraverso le relazioni mensili e trimestrali delle unità aziendali e delle funzioni del Paese. Queste informazioni consistono tipicamente in aspetti quali punti di forza, sfide, minacce e opportunità che possono avere un impatto sulle attività e sulle prestazioni del gruppo (Tullow Oil Plc, 2011).

Tullow ha recentemente adottato una nuova struttura organizzativa a livello regionale e di unità di business, che conferisce a Tullow una struttura a matrice. Come già detto, il Consiglio di amministrazione supervisiona l'intera organizzazione. I direttori esecutivi discutono le modalità di attuazione della strategia con i tre responsabili delle business unit regionali, che occupano il livello gerarchico successivo. I responsabili delle business unit sono responsabili della supervisione e del coordinamento delle attività delle business unit e delle funzioni del Paese. La struttura a matrice dell'organizzazione implica che i manager intermedi dell'organizzazione riportino a due o più manager superiori. Ciò garantisce una sufficiente condivisione delle conoscenze tra i diversi livelli della struttura organizzativa. Il rapporto annuale 2011 del gruppo suggerisce inoltre che la nuova struttura migliora la gestione del rischio e consente di proteggere l'azienda da rischi e incertezze, che sono diventati una delle principali preoccupazioni dei produttori di petrolio e gas dopo l'incidente della Deep Horizon nel Golfo del Messico. (Deloitte, 2010; Johnson et .al, 2011; Tullow Oil plc. Annual Report, 2011).

Figura 1: Illustrazione della gerarchia organizzativa di Tullow Oil Plc e dell'ambito di supervisione di ciascun livello della gerarchia (Relazione e bilanci annuali di Tullow Oil Plc, 2011).

Il fatto che la nuova struttura di Tullow abbia l'obiettivo di aiutare il gruppo a raggiungere la propria visione e, allo stesso tempo, di affrontare i problemi del suo ambiente, riporta alla mente la definizione di organizzazione di Scott (1987) (citata da Weick, 1995). Egli definisce un'organizzazione come una coalizione di diversi gruppi di interesse che sviluppa obiettivi attraverso la negoziazione. Egli suggerisce che l'ambiente di un'organizzazione influenza la sua struttura, le sue attività e i risultati di tali attività. Suggerisce che l'influenza dei fattori ambientali rende le organizzazioni sistemi aperti. La loro apertura deriva dal fatto che devono confrontarsi con diverse informazioni provenienti dall'ambiente in cui si trovano nel momento in cui definiscono la loro direzione strategica. Weick (1995) suggerisce che considerare un'organizzazione come tale sposterà l'attenzione, quando si studia come vengono fatte le cose nell'organizzazione, dall'esame della sua struttura all'esame dei processi all'interno dell'organizzazione. Anche Scott (1987) sottolinea il fatto che le organizzazioni hanno difficoltà a preservare o mantenere il flusso di informazioni e a preservare i processi interni. Prendendo spunto da Scott (1987) e Weick (1995), si può concludere che i processi interni a un'organizzazione contribuiscono alla formulazione e all'attuazione della strategia.

Come in ogni organizzazione, la strategia formulata dai vertici aziendali viene effettivamente attuata dai dipendenti in prima linea, tra cui ingegneri, geologi, tecnici, analisti, ecc. I dipendenti che si trovano alla base della struttura organizzativa fanno parte delle unità di business e delle funzioni del Paese che gestiscono le attività quotidiane del gruppo (Relazione annuale, 2011). Il successo di Tullow nel corso degli anni suggerisce che i suoi dipendenti in prima linea sono in grado di attuare efficacemente la strategia formulata dall'alta direzione. Il successo del gruppo suggerisce anche che è stato in grado di minimizzare, o eliminare, il problema che le organizzazioni devono affrontare nel preservare e mantenere il flusso dei processi interni. La ricerca manageriale suggerisce che la capacità del top management di formulare le giuste strategie e la capacità dei dipendenti di prima linea di implementare efficacemente queste strategie, come previsto dal top, dipende dal ruolo strategico che i middle manager svolgono nell'organizzazione (Caughron e Mumford, 2012; Currie e Procter, 2005; Floyd e Wooldridge, 1997; Maitlis e Sonenshein, 2010).

Considerando il ruolo strategico dei manager intermedi come uno dei principali determinanti della performance organizzativa, questa relazione cerca di indagare il ruolo strategico dei manager intermedi presso Tullow Oil Ghana (TOG). L'obiettivo è scoprire in che modo i middle manager all'interno dell'organizzazione contribuiscono alla formulazione della strategia. Cerca inoltre di stabilire come i middle manager siano in grado di garantire che le attività di implementazione dei dipendenti di prima linea siano in linea con gli obiettivi strategici del Consiglio di amministrazione e dell'alta direzione di TOG.

Tullow è cresciuta fino a diventare uno dei principali operatori nel settore dell'esplorazione, dello sviluppo e della produzione. Il gruppo continua ad avere successo grazie a una strategia che combina crescita organica e acquisizioni. Il consiglio di amministrazione determina la direzione strategica del gruppo utilizzando le informazioni fornite dalle unità aziendali e dalle funzioni del Paese situate in fondo alla gerarchia organizzativa. I dipendenti di prima linea e quelli di livello inferiore attuano effettivamente le iniziative strategiche formulate dall'alta direzione di Tullow Oil Plc.

Affinché il top management possa formulare le giuste strategie, deve considerare le informazioni provenienti dall'organizzazione e dal suo ambiente. Queste informazioni sono fornite dai manager intermedi dell'organizzazione. I manager intermedi, a loro volta, devono collaborare con i dipendenti in prima linea per garantire il raggiungimento degli obiettivi delle iniziative strategiche. Pertanto, i middle manager di Tullow hanno contribuito e continuano a contribuire al successo di Tullow. Per capire come l'organizzazione raggiunge il suo successo, è importante comprendere i processi interni che i middle manager intraprendono per influenzare la formulazione e l'attuazione delle strategie di TOG.

3. COSA SI SA DELL'INFLUENZA DEI MIDDLE MANAGER SULLA STRATEGIA

Sono state condotte numerose ricerche sul ruolo che i manager di business unit o di livello intermedio svolgono nella formulazione e nell'attuazione della strategia. Questa sezione esamina ciò che la letteratura manageriale dice sui middle manager e sul loro ruolo strategico nelle organizzazioni, e su come questo sia correlato alla performance dell'organizzazione nel suo complesso. La sezione inizia discutendo i membri di un'organizzazione che la letteratura manageriale definisce middle manager. Si passa poi a discutere il tipo di influenza che i middle manager hanno sulla strategia, i fattori contestuali che influenzano l'influenza che esercitano e i processi che i middle manager intraprendono per influenzare la formulazione e l'attuazione della strategia.

3.1 CHI SONO I MIDDLE MANAGER?

Per determinare il ruolo strategico dei manager intermedi nelle organizzazioni, dobbiamo innanzitutto identificare i manager delle organizzazioni che sono considerati tali.

Nel loro studio sui manager di business unit, Watson e Wooldridge (2005) hanno evidenziato che i manager di business unit sono simili ai middle manager perché entrambi esercitano un'influenza verso l'alto. I manager di business unit esercitano anche un'influenza verso il basso, in quanto formulano e attuano la strategia della business unit, al fine di raggiungere i risultati previsti dalla strategia aziendale. Tuttavia, hanno osservato che non tutti i manager di business unit sono middle manager, poiché anche i manager di business unit di organizzazioni molto grandi possono essere considerati senior o top manager. Anche Wooldridge, Schmid e Floyd (2007) hanno classificato i middle manager come un gruppo unico di manager, all'interno di un'organizzazione, che ha accesso al senior management e possiede anche conoscenze operative. Yang, Zhang e Tsui (2010) collocano i middle manager almeno due livelli sopra i dipendenti di prima linea nella gerarchia organizzativa. Secondo le loro definizioni, possono essere considerati middle manager anche i capi divisione e i capi delle unità aziendali strategiche che mediano tra la strategia e le attività quotidiane.

3.2 IL CONTENUTO DELL'INFLUENZA STRATEGICA DEL MIDDLE MANAGER

Ogni volta che si verifica un cambiamento nella strategia di un'azienda o l'introduzione di una nuova iniziativa strategica, l'impatto del cambiamento si fa sentire a vari livelli dell'organizzazione, anche se in misura diversa (Michelmann, 2008). I cambiamenti di strategia hanno solitamente lo scopo di allineare l'organizzazione all'ambiente esterno. Floyd e Wooldridge (1997, citato da Currie e Procter, 2005) hanno sostenuto che la performance di un'organizzazione dipende dalla misura in cui i suoi middle manager influenzano la strategia.

Secondo Floyd e Wooldridge (1997, citato da Currie e Procter, 2005), la direzione e la misura in cui i manager intermedi influenzano la strategia è rappresentata da quattro tipi di coinvolgimento. Essi hanno affermato che i manager intermedi sostengono le alternative, sintetizzano le informazioni, facilitano l'adattabilità e attuano la strategia deliberata. I primi due tipi di coinvolgimento si manifestano quando i manager esercitano un'influenza ascendente sulla strategia. Sostenendo le alternative, i manager intermedi possono cambiare la visione della direzione aziendale su quale dovrebbe essere l'attuale strategia dell'organizzazione. A tal fine, suggeriscono iniziative che si discostano dalla visione del top management su quale dovrebbe essere la strategia. Burgelman (1983, citato da Wooldridge, Schmid e Floyd, 2007) ha riscontrato che le iniziative di cambiamento autonome nascono da idee concepite ai livelli inferiori dell'organizzazione e sostenute dai manager intermedi nei confronti del management esecutivo. L'altro tipo di coinvolgimento che costituisce l'influenza verso l'alto è la sintesi delle informazioni. Con questo tipo di coinvolgimento, gli autori affermano che i middle manager possono influenzare la strategia interpretando le informazioni provenienti dall'organizzazione e dall'ambiente esterno e comunicandole al senior management. Fornendo le informazioni sintetizzate, i middle manager influenzano la visione del senior management sulla posizione strategica dell'organizzazione. Queste informazioni possono informare l'alta direzione nella formulazione delle iniziative strategiche (Currie e Procter, 2005).

Gli ultimi due tipi di coinvolgimento sono associati all'influenza verso il basso. Nel facilitare l'adattabilità, i manager intermedi sostengono le attività che mirano a mantenere l'azienda allineata con l'ambiente esterno. Queste attività possono non rientrare nel mandato conferito loro dall'alta direzione, ma sono necessarie per rendere efficaci le operazioni quotidiane. L'ultimo tipo di coinvolgimento è l'attuazione della strategia deliberata. Questo tipo di coinvolgimento del middle management nella strategia è il più evidente. Nell'attuazione della strategia deliberata, i manager intermedi allineano le operazioni quotidiane dell'organizzazione con la strategia aziendale, al fine di raggiungere i risultati previsti dai top manager. L'attuazione della strategia deliberata è considerata semi-autonoma, poiché il

11

manager sta semplicemente attuando la strategia trasmessagli dai top manager (Currie e Procter, 2005). Floyd e Wooldridge (1997, citato da Currie e Procter, 2005) hanno osservato che le organizzazioni in cui l'influenza verso il basso dei manager intermedi è uniforme riportano livelli più elevati di performance organizzativa. Tuttavia, nel caso dell'influenza verso l'alto, hanno osservato che le organizzazioni con livelli di influenza verso l'alto non uniformi mostrano livelli più elevati di performance organizzativa. Questo perché non tutti i middle manager occupano posizioni di confine e quindi quelli che non occupano posizioni di confine non sono in grado di esercitare un'influenza verso l'alto sulla strategia (Currie e Procter, 2005).

Nell'esercitare i vari tipi di influenza strategica sopra descritti, i manager intermedi svolgono un ruolo informativo, come proposto da Mintzberg (1971) a partire dalla sua osservazione del lavoro manageriale. Mintzberg propone che i manager agiscano come centro nevralgico di informazioni per le loro organizzazioni, in quanto ricevono informazioni attraverso le loro varie attività. Dopo aver ricevuto queste informazioni, agiscono come divulgatori, un altro aspetto del ruolo informativo. Nello svolgere il loro ruolo di divulgatori, i manager trasmettono le informazioni agli altri stakeholder dell'organizzazione, compresi i senior manager e i subordinati (Mintzberg, 1971).

3.3 L'IMPATTO DEI FATTORI CONTESTUALI SULL'INFLUENZA STRATEGICA DI UN MIDDLE MANAGER

Diversi studi sulle attività dei middle manager suggeriscono che l'entità della loro influenza strategica in un'organizzazione si basa su una serie di fattori peculiari dell'organizzazione e sul tipo di influenza che i manager cercano di esercitare. Watson e Wooldridge (2005) sottolineano che, sebbene l'entità dell'influenza verso l'alto esercitata da un'unità aziendale o da un middle manager possa basarsi su una serie di fattori, tra cui le dimensioni dell'unità di cui il manager è responsabile, la correlazione delle attività dell'unità con il core business dell'organizzazione, la performance dell'unità e la natura della relazione tra il manager e i vertici aziendali. I manager responsabili di unità che costituiscono un'ampia porzione dell'organizzazione e quelli che riportano direttamente all'amministratore delegato tendono ad avere una maggiore influenza verso l'alto.

Floyd e Wooldridge (1997, citato da Currie e Procter, 2005) hanno anche osservato che la posizione di un manager in un'organizzazione determina la sua influenza sulla strategia. I

12

manager che occupano posizioni di confine, ovvero che mediano tra l'ambiente esterno e l'organizzazione interna, tendono ad avere una maggiore influenza sulla strategia. Queste posizioni di confine permettono loro di influenzare la strategia a livello aziendale e a livello operativo o di business unit, rispettivamente attraverso un'influenza verso l'alto e verso il basso (Balogun et. al, 2005; Pappas e Wooldridge, 2007). Il Boundary Spanning è analogo al ruolo di collegamento con l'esterno, un aspetto del ruolo interpersonale dei manager proposto da Mintzberg (1971). Agendo da collegamento, il manager è in grado di creare una rete per acquisire informazioni che vengono utilizzate dalla sua organizzazione. Lo fa attraverso le interazioni con altri manager dell'ambiente esterno alla sua organizzazione, che possono anche essere centri nevralgici delle organizzazioni in cui lavorano (Mintzberg, 1971).

La struttura formale di un'organizzazione determina se un manager si trovi o meno in una posizione di boundary spanning. Studi più recenti suggeriscono che anche i manager in posizioni non boundary spanning contribuiscono alla strategia. Pappas e Wooldridge (2007) hanno contribuito alla ricerca che mette in relazione la posizione che un manager occupa in un'organizzazione con il suo contributo al rinnovamento strategico dell'organizzazione. Il loro lavoro si è concentrato sulla relazione tra la centralità della rete e le attività strategiche divergenti. Le attività strategiche divergenti sono quelle che esulano dalla logica dominante dell'organizzazione e sono quelle che permettono all'organizzazione di sviluppare nuove capacità e di entrare in nuovi mercati. La centralità rappresenta il coinvolgimento del manager nella rete sociale interna dell'organizzazione. Gli autori sostengono che, poiché la maggior parte dei processi di rinnovamento strategico sono incorporati nei processi sociali di un'organizzazione, una persona situata in posizione centrale avrà accesso a informazioni e risorse. Pappas e Wooldridge (2007) hanno riscontrato che l'attività divergente è positivamente correlata alla centralità della rete. Confermando il lavoro di Floyd e Wooldridge (1997) citato in precedenza, hanno anche riscontrato che i manager che ricoprono posizioni di boundary spanning hanno una posizione più centrale e quindi tendono a essere coinvolti in attività divergenti di livello superiore rispetto a chi non ricopre posizioni di boundary spanning. Tuttavia, i risultati dello studio suggeriscono anche che tra i nonboundary spanner, quelli che si trovano in posizione centrale tendono a essere coinvolti in attività strategiche divergenti di livello superiore (Pappas e Wooldridge, 2007).

In uno dei suoi recenti lavori, Mantere (2008) ha contribuito alla crescente letteratura sul coinvolgimento strategico dei middle manager dimostrando che l'agency strategica dei middle manager dipende da alcune condizioni associate ai ruoli strategici che ci si aspetta che svolgano. Ha definito l'agency come "la capacità dell'individuo di avere un effetto sul proprio lavoro su una questione che l'individuo considera vantaggiosa per la propria organizzazione" (Mantere, 2008). L'agenzia è considerata strategica solo se serve gli interessi dell'organizzazione e non quelli dell'individuo. Mantere (2008) ha utilizzato i quattro tipi di coinvolgimento strategico descritti in precedenza da Floyd e Wooldridge, ovvero implementare la strategia, facilitare l'adattabilità, sostenere le alternative e sintetizzare le informazioni, come aspettative riposte dai vertici aziendali nei confronti dei middle manager, che si trovano nelle periferie delle organizzazioni. Egli sostiene che la visione funzionale del ruolo strategico di un middle manager dovrebbe essere estesa a una visione reciproca, in cui i ruoli che ci si aspetta che i middle manager svolgano sono supportati dal top management, che fornisce loro le condizioni per consentire la loro agency.

Mantere ha suggerito che le aspettative di ruolo che i dirigenti hanno nei confronti dei quadri intermedi consentono di creare un'agenzia strategica se prevalgono determinate condizioni (Mantere, 2008).

Ha identificato i fattori abilitanti dell'agenzia del middle manager. Per quanto riguarda l'aspettativa di implementazione, ha sottolineato l'importanza di sviluppare la continuità nel lavoro come chiave per consentire l'agenzia strategica nell'implementazione. Ha sostenuto che, affinché questa aspettativa di ruolo consenta l'agency, è necessario che vi siano narrazione, allocazione delle risorse, rispetto e contestualizzazione. La narrazione si riferisce al fatto che l'alta direzione fornisca al middle management i processi di pensiero che ha seguito per arrivare alle iniziative strategiche top-down che si aspetta che implementino. Ciò consentirebbe al middle management di elaborare un modello che gli consenta di raggiungere gli obiettivi delle iniziative top-down. Mantere ha osservato che i vincoli all'agenzia sorgono quando i manager intermedi non sono sicuri che ciò che fanno sia rilevante per raggiungere gli obiettivi delle iniziative strategiche, se non partecipano alla definizione delle strategie e non sono a conoscenza dei processi di pensiero del top management (Mantere, 2008).

L'analisi di Mantere ha anche rivelato che l'aspettativa di implementazione potrebbe anche consentire ai middle manager di agire strategicamente se vengono assegnate risorse sufficienti per sostenere l'implementazione delle iniziative strategiche. Ha osservato che i manager intermedi considerano l'allocazione di risorse per sostenere l'attuazione delle iniziative strategiche come un segno di impegno da parte del top management. Mantere (2008) ha anche osservato che, in situazioni in cui le iniziative non richiedevano grandi quantità di risorse, l'agenzia strategica era abilitata se i top manager mostravano il loro impegno attraverso il rispetto della risoluzione dei problemi quotidiani. Secondo Mantere (2008), il rispetto si ottiene quando i team di top e middle management riconoscono e rispettano le reciproche competenze. Il top management mostra rispetto per le capacità di implementazione del middle management e i middle manager, a loro volta, mostrano rispetto per il lavoro del top management nella formulazione della strategia. Secondo Mantere (2008), la condizione finale affinché l'aspettativa di implementazione abbia un impatto positivo sull'agenzia strategica è la contestualizzazione delle iniziative top-down. Dalla sua analisi, ha osservato che molti middle manager ritengono che un insieme ben definito di obiettivi delle iniziative top-down consenta loro di prendere decisioni all'interno del contesto in cui lavorano.

L'aspettativa di facilitare l'adattabilità ha anche il potenziale di abilitare l'agenzia strategica dei manager intermedi. Nello spiegare questa aspettativa di ruolo, Mantere (2008) l'ha definita come l'aspettativa da parte dei top manager che i middle manager mettano a punto le pratiche di lavoro per essere in linea con un ambiente di lavoro in continua evoluzione. L'aspettativa che i top manager nutrono nei confronti dei middle manager di svolgere questo ruolo può abilitare l'agenzia se c'è fiducia reciproca tra top manager e middle manager. Mantere (2008) è del parere che i top manager debbano indicare chiaramente che hanno fiducia nei middle manager per svolgere questo ruolo. Questo legittimerà gli sforzi dei manager intermedi per adattare le pratiche di lavoro all'ambiente che cambia. Ha sostenuto che se i manager intermedi non percepiscono questa fiducia, i dirigenti si atterranno alle loro solite routine di rischio tollerabile. Ha anche sottolineato che questo ruolo potrebbe consentire l'agenzia, perché dà loro un senso di libertà nel cercare di raggiungere gli obiettivi strategici sviluppando nuove pratiche di lavoro. Tuttavia, i dirigenti intermedi devono avere la certezza che i loro "esperimenti" non saranno puniti. Tuttavia, ha sottolineato l'importanza che i middle manager ammettano e segnalino gli insuccessi al top management (Mantere, 2008).

Dalla sua analisi, Mantere ha anche osservato che, come per l'implementazione, l'aspettativa che l'alta dirigenza ha nei confronti dei middle manager di sintetizzare le informazioni può abilitare l'agenzia se c'è un senso di continuità e di progresso, da parte dei middle manager, nello svolgimento di questo ruolo. Ha quindi osservato che ciò che ha permesso o limitato l'agenzia strategica dei manager intermedi nello svolgimento di questo ruolo è la reattività dei top manager alle informazioni sintetizzate inviate loro dai manager intermedi. Egli era dell'opinione che i middle manager avessero bisogno di capire se i loro sforzi per contribuire alla strategia avessero avuto successo o meno. Poiché i manager intermedi forniscono ai top manager le informazioni per formulare la strategia, il feedback che ricevono li rassicura sul fatto che i piani strategici sono basati sull'esperienza passata. In questo modo i manager intermedi avranno la sensazione di contribuire alla strategia, consentendo loro di agire (Mantere, 2008).

Nell'ultima aspettativa di ruolo, che è quella di promuovere alternative, il top management si aspetta che i middle manager promuovano nuove idee per rinnovare il contenuto della strategia e dei piani strategici. Mantere (2008) ha citato due condizioni che, se presenti, abilitano l'agenzia strategica dei manager intermedi nello svolgimento di questo ruolo. In primo luogo, ha affermato che l'agenzia strategica dei manager intermedi è abilitata quando sono inclusi nei processi di pianificazione strategica. Mantere (2008) ha concluso che quando il top management include i middle manager nel processo di pianificazione strategica, questi ultimi hanno la possibilità di apportare modifiche alla strategia durante l'implementazione. Ciò conferisce loro il controllo sul futuro e, di conseguenza, ne favorisce l'agency. La seconda condizione abilitante per questa aspettativa di ruolo è l'arbitraggio da parte del top management. Mantere (2008) ha affermato che i middle manager sono motivati a promuovere idee quando i senior manager le valutano e selezionano quelle più valide. Ciò conferma il suggerimento ampiamente accettato che l'arbitraggio è uno dei ruoli più importanti del top management nel processo strategico. Mantere afferma che la mancanza di arbitraggio da parte dei top manager tende a minare l'agency dei middle manager (Mantere, 2008).

Mantere suggerisce che i middle manager che hanno la loro agenzia strategica abilitata sono in grado di contribuire alla strategia dell'organizzazione. L'abilitazione dell'agenzia strategica consente inoltre alle organizzazioni di utilizzare l'entusiasmo dei loro agenti strategici come fonte di conoscenza. Ciò consentirà alle organizzazioni di utilizzare meglio i manager come risorsa strategica e di assicurarsi il loro impegno nei confronti dell'organizzazione (Mantere, 2008). Mantere (2008) suggerisce che un middle manager è in grado di influenzare la strategia nel ruolo che gli è stato assegnato solo se i senior manager gli forniscono le condizioni necessarie per farlo.

Currie e Procter (2005) suggeriscono anche che alcuni antecedenti possono condizionare il ruolo strategico dei manager. Hanno descritto gli antecedenti come i segnali o gli spunti che gli stakeholder dell'organizzazione inviano ai manager per dare loro un'indicazione del modo

16

in cui ci si aspetta che si comportino. Il loro studio si è concentrato sul ruolo di implementazione dei manager intermedi nelle burocrazie professionali e sui fattori contestuali di tali organizzazioni che sostengono o inibiscono questo ruolo. Hanno osservato che durante l'attuazione della strategia in queste organizzazioni, i middle manager cercano di influenzare un nucleo operativo professionale che ha la capacità di sovvertire o modificare le iniziative di cambiamento che ritengono non servire i loro interessi. Così, i middle manager si trovano in una situazione in cui il top management si aspetta che implementino un'iniziativa di cambiamento, mentre il nucleo operativo resiste al cambiamento. Questo nucleo operativo ha quindi il potenziale per limitare il ruolo di implementazione già semi-autonomo di un middle manager. Il manager sarà in grado di influenzare questo gruppo solo se i suoi membri ritengono che stia servendo i loro interessi.

Currie e Procter (2005) propongono che l'esperienza di un middle manager in questo tipo di organizzazioni sia caratterizzata da problemi di transizione di ruolo dovuti alle aspettative divergenti dei diversi stakeholder dell'organizzazione. Per attuare efficacemente la strategia, il manager dovrà passare da un ruolo diplomatico, che serve gli interessi del nucleo operativo, a un ruolo più autonomo. Tuttavia, questa transizione è solitamente caratterizzata da problemi di ambiguità e conflitto di ruolo. In situazioni in cui vi sono indicazioni contraddittorie da parte di vari stakeholder dell'organizzazione, i middle manager tendono a rispondere con la dissoluzione e persino con la riluttanza a mettere in atto il loro ruolo strategico. Currie e Procter (2008), tuttavia, hanno osservato che altri antecedenti, come il posizionamento del manager per consentirgli di acquisire una migliore comprensione del contesto strategico dell'organizzazione e l'investimento nello sviluppo manageriale, potrebbero aiutare a mediare la risposta del manager ai problemi di conflitto e ambiguità di ruolo.

3.4 PROCESSO DI INFLUENZA STRATEGICA DEL MIDDLE MANAGER

In pratica, il top management avvia la maggior parte dei cambiamenti strategici nelle organizzazioni. Tuttavia, non c'è alcuna garanzia che queste iniziative producano i risultati desiderati. Di fatto, la maggior parte delle iniziative top-down produce risultati non voluti. Questo perché i risultati sono influenzati dal modo in cui i manager intermedi interpretano le iniziative di cambiamento, definito anche sensemaking dei manager intermedi (Balogun e Johnson, 2005). La ricerca ha dimostrato che il sensemaking è la chiave del modo in cui le iniziative dall'alto si sviluppano durante l'implementazione. Il sensemaking si riferisce ai processi discorsivi e narrativi che i destinatari delle iniziative attraversano quando cercano di interpretare e rispondere alle iniziative di cambiamento dell'alta direzione. Weick (1995, citato da Roleau e Balogun, 2011) ha definito il sensemaking come il processo sociale di costruzione e ricostruzione del significato attraverso il quale i manager interpretano, comprendono e danno senso al contesto organizzativo in evoluzione per se stessi e per gli altri nell'organizzazione.

Feldman (citato da Weick, 1995) ha definito il sensemaking come "un processo interpretativo" che consente ai membri di un'organizzazione di comprendere e condividere le loro conoscenze sull'organizzazione, su ciò che essa rappresenta, sulle sue competenze, sulle sue debolezze, sulle sfide che sta affrontando e su come dovrebbe risolverle. Feldman ha teorizzato che il sensemaking non necessariamente sfocia nell'azione, ma può far sì che i membri acquisiscano maggiori informazioni o una migliore comprensione di una situazione ambigua.

Il sensemaking viene effettuato a tutti i livelli dell'organizzazione durante i processi di cambiamento strategico. Mentre i top manager fanno il proprio sensemaking per arrivare alla natura del cambiamento strategico, i middle manager sono lasciati a fare il proprio sensemaking per interpretare e comprendere i dettagli delle iniziative strategiche formulate dai top manager. Tuttavia, il sensemaking non è limitato solo ai manager dell'organizzazione, anche il nucleo operativo o i dipendenti di prima linea, che sono quelli che effettivamente implementano le iniziative strategiche, svolgono il loro sensemaking. Il fatto che questi tre diversi gruppi svolgano il proprio sensemaking crea il potenziale per diverse sacche di significato condiviso e, di conseguenza, diverse linee d'azione. Ad esempio, i dipendenti di prima linea possono interpretare in modo diverso un'iniziativa che potrebbe essere interpretata, attraverso un processo di sensemaking, come un cambiamento strategico dai top manager, dopo che anche loro hanno effettuato il proprio sensemaking. Ciò renderà l'attuazione non coerente con le aspettative dei top manager. (Maitlis e Sonenshein, 2010; Sonenshein, 2009)

Maitlis e Sonenshein (2010) suggeriscono che la vicinanza dei middle manager sia al top management sia al nucleo operativo dell'organizzazione li rende partecipi delle interpretazioni di entrambi i gruppi. I middle manager si trovano quindi in una posizione unica all'interno dell'organizzazione per arricchire l'interpretazione di attività insolite nell'organizzazione. Balogun e Johnson (2005) affermano che i middle manager interpretano le strategie e le modalità di attuazione attraverso le interazioni con i loro colleghi middle manager. I risultati

18

della loro analisi mostrano che il cambiamento emergente è il risultato dell'interazione tra i processi sociali top-down, quelli tra top manager e middle manager, e i processi laterali, i processi sociali tra i middle manager. Questi processi vanno dalla comunicazione verbale formale a quella informale, come i pettegolezzi e la diffusione di voci. Sebbene entrambi i tipi di processi sociali comprendano comunicazione informale e formale, i processi top-down tendono a essere più formali, mentre l'attività di sensemaking tra i middle manager tende a essere informale. Pertanto, gli autori concludono che, sebbene i team di top management possano introdurre iniziative, le azioni di coloro che si trovano più in basso nell'organizzazione determinano il modo in cui queste iniziative si sviluppano. Riconoscono quindi che la gestione del cambiamento strategico non consiste tanto nel comandare e controllare i destinatari, quanto piuttosto nell'incoraggiare le attività di sensemaking dei destinatari del cambiamento, al fine di allineare le loro interpretazioni dell'iniziativa con le intenzioni del top management.

Anche Roleau e Balogun (2011) sottolineano la necessità per i middle manager di esercitare un'influenza strategica sui loro superiori, colleghi e subordinati. Essi identificano il sensemaking come centrale per lo svolgimento del ruolo strategico di un middle manager in un'organizzazione. Nel loro lavoro di comprensione dei ruoli strategici che i middle manager svolgono durante l'implementazione di iniziative strategiche, gli autori hanno esaminato il modo in cui i middle manager mettono in atto i ruoli loro assegnati. Attraverso la loro analisi, hanno identificato due attività discorsive che sono centrali nel sensemaking dei middle manager. Si tratta delle attività di "svolgimento della conversazione" e di "impostazione della scena". Entrambe le attività dipendono dalla capacità del manager di "creare e condividere con cognizione di causa un messaggio che sia convincente, significativo e coinvolgente" all'interno del suo contesto operativo (Roleau e Balogun, 2011). Questa capacità viene definita competenza discorsiva del manager. Gli autori si riferiscono all'"esecuzione della conversazione" come a uno scambio verbale costruttivo attraverso il quale i manager cercano di far convergere le richieste provenienti da diversi livelli dell'organizzazione. Durante questi scambi verbali, i middle manager usano il linguaggio per convincere le persone a sostenere le loro iniziative di cambiamento, usando parole che si collegano ai loro interessi. Gli autori sottolineano che la chiave per essere influenti è la capacità del manager di usare il linguaggio giusto e gli spunti sociali per entrare in contatto con gli interessi di coloro che cercano di influenzare (Roleau e Balogun, 2011).

Come accennato in precedenza, l'altra attività discorsiva alla base del sensemaking è la "creazione della scena". Roleau e Balogun (2011) la descrivono come la capacità di riunire gruppi di interessi diversi per lavorare insieme al raggiungimento degli obiettivi di un progetto di cambiamento. Questo di solito implica la mobilitazione delle reti giuste e dei forum appropriati. Gli autori affermano che per "preparare la scena" i manager devono sapere chi contattare e riunire, chi usare per influenzare e il modo appropriato per contattarli. Su questa base, gli autori hanno anche proposto che un manager sarà probabilmente più influente nello svolgimento del suo ruolo strategico se sarà in grado di identificare e riunire le giuste alleanze, attraverso i giusti forum, che lo aiuteranno a collegare gli interessi delle persone che cerca di influenzare. Esse creano quindi un legame tra il sensemaking e la capacità di agire politicamente. Sebbene le attività discorsive sopra descritte siano separate e distinte, esse si verificano contemporaneamente durante la performance, che di solito è gestita da un gruppo di persone per ottenere un effetto desiderato. Un'altra proposta degli autori è che, per essere influente, un middle manager deve possedere ed essere in grado di utilizzare una conoscenza approfondita delle regole e dei codici socioculturali di un'organizzazione. Concludono che i manager abili nella competenza discorsiva saranno probabilmente quelli che eserciteranno la maggiore influenza strategica (Roleau e Balogun, 2011). La Figura 2 illustra come i middle manager utilizzino la loro conoscenza dell'organizzazione per svolgere le attività discorsive di preparazione della scena e di svolgimento della conversazione.

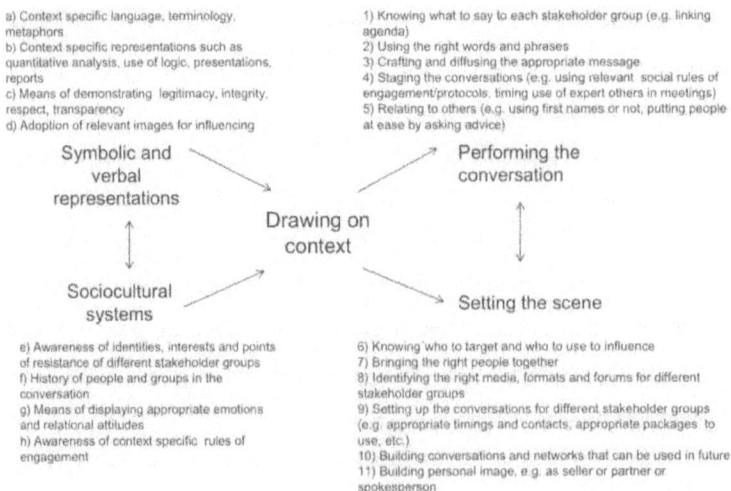

a) Context specific language, terminology, metaphors
b) Context specific representations such as quantitative analysis, use of logic, presentations, reports
c) Means of demonstrating legitimacy, integrity, respect, transparency
d) Adoption of relevant images for influencing

1) Knowing what to say to each stakeholder group (e.g. linking agenda)
2) Using the right words and phrases
3) Crafting and diffusing the appropriate message
4) Staging the conversations (e.g. using relevant social rules of engagement/protocols, timing use of expert others in meetings)
5) Relating to others (e.g. using first names or not, putting people at ease by asking advice)

Symbolic and verbal representations

Performing the conversation

Drawing on context

Sociocultural systems

Setting the scene

e) Awareness of identities, interests and points of resistance of different stakeholder groups
f) History of people and groups in the conversation
g) Means of displaying appropriate emotions and relational attitudes
h) Awareness of context specific rules of engagement

6) Knowing who to target and who to use to influence
7) Bringing the right people together
8) Identifying the right media, formats and forums for different stakeholder groups
9) Setting up the conversations for different stakeholder groups (e.g. appropriate timings and contacts, appropriate packages to use, etc.)
10) Building conversations and networks that can be used in future
11) Building personal image, e.g. as seller or partner or spokesperson

Figura 2: Illustrazione delle attività discorsive dei middle manager (Roleau, 2011)

Da quanto precede, si possono trarre alcune conclusioni sul ruolo strategico dei middle manager nelle organizzazioni. I middle manager hanno accesso, o riferiscono, ai manager senior o esecutivi dell'organizzazione e lavorano anche con i dipendenti di livello inferiore che svolgono le operazioni quotidiane dell'azienda. La letteratura suggerisce che la performance di un'organizzazione in qualsiasi attività sia coinvolta è positivamente legata al ruolo strategico dei suoi manager intermedi. I manager intermedi possono essere coinvolti nella strategia in quattro modi diversi: sensibilizzando le informazioni, sostenendo le alternative, facilitando l'adattabilità delle procedure di lavoro per garantire che le pratiche di lavoro affrontino i problemi dell'ambiente e l'attuazione. I middle manager che interagiscono con gli stakeholder all'interno e all'esterno dell'organizzazione tendono ad avere una maggiore influenza sulla formulazione della strategia. La dimensione dell'unità che il manager supervisiona e la natura del rapporto con i dirigenti sono fattori determinanti per la quantità di influenza verso l'alto di un middle manager.

La letteratura ha anche evidenziato il fatto che un manager, che si trova in una posizione centrale nella rete sociale di un'organizzazione, avrà maggiore accesso alle informazioni e alle risorse e quindi sarà in grado di influenzare la strategia, sia verso l'alto che verso il basso, più di un manager che non lo è. La letteratura mette in luce anche il fatto che i middle manager sono in grado di intervenire nella strategia se vengono fornite loro le condizioni necessarie per farlo. Consentire ai manager intermedi di agire strategicamente li renderà una risorsa per la condivisione della conoscenza e garantirà il loro impegno nell'organizzazione. La letteratura suggerisce anche che l'invio di indicazioni contraddittorie da parte del top management e dei dipendenti di prima linea può impedire ai middle manager di esercitare il loro ruolo strategico. Questo potrebbe portare il manager a trovarsi in una posizione ambigua, dovendo svolgere ruoli contrastanti. Tuttavia, altri fattori come l'esperienza del manager e la sua comprensione della strategia nel contesto dell'organizzazione potrebbero aiutarlo a mitigare queste sfide.

Dalla letteratura si può anche concludere che il risultato della formulazione e dell'attuazione delle iniziative strategiche dipende dal modo in cui i manager intermedi interpretano le informazioni provenienti dall'organizzazione e dal suo ambiente, le comprendono e le trasmettono agli altri membri dell'organizzazione. I manager intermedi possono comprendere ciò che accade in un'organizzazione e nel suo ambiente interagendo tra loro, con i loro superiori e con i loro subordinati. La letteratura suggerisce anche che, per influenzare la strategia, i middle manager devono coinvolgere i loro subordinati e superiori in conversazioni in cui fanno uso del linguaggio e della loro comprensione dei sistemi socioculturali dell'organizzazione, per ottenere il sostegno delle persone giuste e conciliare le interpretazioni dei diversi gruppi all'interno dell'organizzazione, confermando l'importanza della comprensione della cultura e del contesto strategico dell'organizzazione.

4. METODOLOGIA

4.1 METODO DELLO STUDIO DI CASO

Questo rapporto cerca di valutare il ruolo strategico che i middle manager svolgono in TOG e il modo in cui questi manager mettono in pratica tale ruolo. Per rispondere alle domande, l'autore ha utilizzato i dati ottenuti da interviste con i middle manager di TOG. I dati primari sono stati integrati con informazioni tratte dai rapporti annuali di Tullow. Per analizzare le attività dei manager intermedi a livello micro, i dati per l'analisi sono stati ottenuti direttamente dai manager intermedi di TOG attraverso un'intervista e dei questionari.

4.1.1 RACCOLTA DEI DATI E ANALISI

Il processo di raccolta dei dati per lo studio è iniziato con l'identificazione dei middle manager di TOG. L'autore ha stabilito due criteri per stabilire se l'intervistato è un middle manager o meno. In primo luogo, il manager doveva appartenere al nucleo operativo dell'organizzazione e non a funzioni aziendali come le risorse umane. Il secondo criterio era che il manager doveva riferire a manager di alto livello o senior di TOG. Tutti e due i nostri intervistati hanno soddisfatto questi criteri.

I dati primari utilizzati per lo studio sono stati ottenuti attraverso uno studio pilota che ha combinato interviste e questionari. A causa dei vincoli di tempo, i dati primari sono stati raccolti attraverso una combinazione di interviste e l'uso di un questionario. Dopo aver stabilito che gli intervistati sono dirigenti di livello intermedio, sono stati forniti loro dei questionari semi-strutturati. Uno degli intervistati è stato intervistato telefonicamente. A causa degli impegni, l'altro intervistato non è stato disponibile per le interviste telefoniche. I questionari contenevano le stesse domande aperte poste durante le interviste. L'autrice è riuscita a ottenere una sola risposta dal questionario e ha potuto condurre una sola intervista. Tuttavia, i pareri di questi due intervistati sono sufficienti e fungono da ragionevole pilota per lo studio dell'influenza strategica dei middle manager in TOG. Per un campione del questionario si veda l'Appendice.

Dopo aver sviluppato le domande di ricerca attraverso un attento esame della letteratura esaminata, ritengo che le domande del questionario coprano adeguatamente le questioni che questa relazione intende indagare. Pertanto, il questionario ha un'elevata validità di contenuto (Saunders, Phillip e Lewis, 2009, p. 373).

Le domande poste nel questionario si riferivano a situazioni o procedure che i partecipanti incontrano nello svolgimento delle loro attività quotidiane. Si ritiene che, poiché queste domande sono in relazione ai loro compiti quotidiani o fanno parte dei ruoli che ci si aspetta che svolgano nell'esercizio delle loro responsabilità di middle manager, la probabilità di errori nelle loro risposte sia minima. Inoltre, dato che le domande del questionario sono state poste in modo tale da suscitare risposte direttamente collegate ai temi della revisione della letteratura, l'interpretazione dei dati è stata semplice e le possibilità di bias ed errori dell'osservatore sono state ridotte al minimo. Per questi due motivi, l'autore ritiene che i risultati della ricerca siano affidabili e validi.

I dati ottenuti dai questionari sono stati strutturati in forma di narrazione, secondo tre categorie: il contenuto dell'influenza strategica del middle manager, il contesto in cui questa influenza si è verificata e il processo attraverso il quale il middle manager ha esercitato tale influenza. La categorizzazione dei risultati ha facilitato l'analisi, consentendo all'autore di riconoscere le relazioni tra le risposte e di trarre conclusioni dalla discussione dei risultati.

Per la discussione dei risultati è stato adottato un approccio deduttivo, utilizzando i punti della letteratura esaminata per analizzare i dati qualitativi ottenuti dalle interviste e dai questionari (Saunders, Phillip e Lewis, 2009, p. 500).

Nonostante i limiti di questa metodologia, in particolare il numero ridotto di intervistati, l'autore ritiene che essa fornisca un modello affidabile e valido ai fini della presente indagine.

4.2 RISULTATI

Per comprendere il ruolo strategico dei middle manager in TOG, sono state raccolte informazioni attraverso un'intervista e la somministrazione di questionari. Dai questionari somministrati è stata ottenuta una risposta e un'intervista con un manager di TOG. I risultati ottenuti dai dati primari raccolti sono riportati di seguito e sono stati classificati in tre sottosezioni: contesto dell'influenza dei middle manager, contenuto dell'influenza dei middle manager e processo dell'influenza dei middle manager.

4.2.1 CONTESTO DI INFLUENZA STRATEGICA DEL MIDDLE MANAGER

Per capire come i manager influenzano la strategia di TOG, è importante comprendere il contesto in cui operano. Il contesto in questione è quello interno a TOG e si riferisce alla struttura organizzativa di TOG. TOG è una delle unità di business del gruppo e come tale, come tutte le altre unità di business e le funzioni del Paese, si trova in fondo alla struttura a matrice del gruppo (Tullow Oil Plc, 2012). Attualmente TOG genera la maggior parte delle entrate annuali del gruppo e rappresenta il 60% delle spese del gruppo. Il livello più alto della gerarchia organizzativa di TOG è il Ghana Leadership team (GLT). Il GLT gestisce TOG ed è composto dal Country Manager, dal responsabile dell'ingegneria dei pozzi, dal responsabile delle licenze e dai responsabili di altre funzioni e dipartimenti di TOG. Il GLT riferisce al responsabile della business unit per l'Africa occidentale e settentrionale. TOG ha una struttura organizzativa piatta, con pochi livelli gerarchici tra il nucleo operativo e il GLT.

Il primo intervistato (FR) del questionario ha dichiarato di lavorare a stretto contatto con il nucleo operativo della sua unità presso TOG. Ha un rapporto diretto con il suo supervisore, che fa parte dell'alta direzione di TOG. FR ha affermato che i suoi compiti e le sue responsabilità quotidiane, che comprendono l'invito ai fornitori per i contratti e la richiesta di preventivi per le forniture, gli consentono di interagire con fornitori, appaltatori e altre società petrolifere che conducono affari con TOG.

L'intervistato ha dichiarato di lavorare a stretto contatto con il GLT nella formulazione di iniziative strategiche e nella pianificazione della direzione delle attività di TOG. Ha affermato che le sue attività quotidiane comprendono la creazione di relazioni con le parti interessate al di fuori di TOG, comprese le comunità locali, le altre compagnie petrolifere e gli appaltatori. Collabora inoltre regolarmente con il nucleo operativo di specialisti della catena di approvvigionamento, ingegneri e tecnici.

4.2.2 CONTENUTO DELL'INFLUENZA STRATEGICA DEL MIDDLE MANAGER

L'FR ha indicato che trasmette ai suoi superiori di TOG alcune informazioni derivanti dalle sue interazioni con i fornitori e con altre parti. Ha detto;

"Le mie interazioni hanno a che fare con le richieste di preventivo, le gare d'appalto, l'aggiudicazione e le comunicazioni di aggiudicazione dei contratti. Le informazioni che fornisco aiutano l'alta direzione a scegliere il tipo di sistemi e processi da mettere in atto per guidare queste attività".

FR ha affermato di essersi sentito incoraggiato a fornire questo tipo di informazioni e di ritenere che l'alta direzione fosse molto interessata a queste informazioni e che agisse di conseguenza. FR riteneva che le informazioni da lui fornite venissero prese in considerazione a causa delle dimensioni del suo reparto e del fatto che il suo reparto si occupa dell'approvvigionamento di materiali e servizi utilizzati da TOG per svolgere le proprie

25

attività. Per quanto riguarda l'attuazione delle iniziative strategiche, FR ha affermato che il suo ruolo si limitava a suggerire e indirizzare il nucleo operativo della sua unità sulle modalità di attuazione delle iniziative. Ha suggerito che ciò potrebbe essere dovuto alla sua relativamente scarsa esperienza e alla breve durata del suo incarico presso Tullow Ghana.

L'intervistato ha dichiarato di inviare al GLT le informazioni che ritiene debbano essere prese in considerazione durante la formulazione delle iniziative strategiche. Il GLT riferisce gli aspetti rilevanti di queste informazioni al responsabile della business unit regionale, durante le sue riunioni con il GLT. Ha affermato di ricevere un feedback dal GLT su come le informazioni da lui fornite vengono utilizzate nella formulazione delle iniziative strategiche. Ha sottolineato che;

"La comunicazione è assolutamente fondamentale per tutto ciò che facciamo in Tullow. È importante che le strategie che perseguiamo a livello di business unit siano in linea con la strategia generale del gruppo. I responsabili delle business unit regionali e il Ghana Leadership Team prendono sul serio i nostri suggerimenti e ci forniscono sempre un feedback".

Ha affermato che non sarebbe corretto suggerire che le informazioni fornite da lui stesso e da altri manager sulla GLT siano prese in considerazione per il fatto che TOG rappresenta una parte maggiore dei ricavi del gruppo. Ha affermato che il gruppo cerca di raggiungere un equilibrio nell'influenza che le singole unità aziendali hanno sulla direzione generale. Ha inoltre affermato che il GLT accoglie proposte su iniziative strategiche alternative e ha ricordato i casi in cui lui e i suoi colleghi manager hanno proposto iniziative alternative perché quelle in atto in quel momento non stavano dando i risultati desiderati. Ha inoltre affermato che le sue responsabilità come manager di TOG gli impongono di trasmettere informazioni sulle iniziative strategiche e di lavorare a stretto contatto con i dipendenti in prima linea per assicurarsi che le loro attività quotidiane siano orientate al raggiungimento degli obiettivi delle iniziative strategiche di TOG. Ha inoltre affermato che la cultura di TOG incoraggia il comportamento imprenditoriale dei manager intermedi. Ha affermato di aver intrapreso occasionalmente azioni che aiutano i suoi subordinati a svolgere efficacemente il loro lavoro per raggiungere gli obiettivi delle iniziative strategiche.

4.2.3 *IL PROCESSO DI INFLUENZA STRATEGICA DEL MIDDLE MANAGER*

Il primo intervistato ha citato le interazioni informali tra i lavoratori, in particolare tra lui e i suoi colleghi, come vitali per svolgere efficacemente le sue mansioni presso TOG. Tuttavia, ha indicato che quando fornisce informazioni all'alta direzione, le informazioni ottenute vengono comunicate ai vertici aziendali attraverso procedure di reporting formali. FR ha anche indicato che si assicura di utilizzare un linguaggio, parole e frasi con cui il suo supervisore si identifica, al fine di far comprendere un'iniziativa ai suoi subordinati e di trasferire ai vertici aziendali la comprensione delle informazioni ottenute interagendo con i suoi subordinati e con gli stakeholder esterni dell'organizzazione. FR ha anche indicato che i manager del suo reparto non sono mai stati scavalcati e sono sempre stati coinvolti nell'attuazione delle iniziative strategiche formulate dall'alta direzione di TOG. L'opinione generale di FR sull'impatto che i quadri intermedi hanno sulla strategia è che i quadri intermedi contribuiscono alla formulazione delle iniziative strategiche di TOG lavorando a stretto contatto con i loro superiori e sono quindi in una posizione privilegiata per l'attuazione di queste strategie, poiché hanno partecipato al processo di formulazione.

L'intervistato ha dichiarato di aver fatto uso della sua esperienza e della sua professionalità per comprendere le questioni o le tendenze che nota nelle sue interazioni con i vari stakeholder, tra cui il GLT, gli altri manager, i dipendenti in prima linea e gli stakeholder esterni dell'organizzazione. Ha indicato che, dopo aver acquisito una comprensione, trasmette le informazioni rilevanti al GLT o ai dipendenti di livello inferiore attraverso i forum giusti. Nel caso del GLT, l'intervistato ha dichiarato di utilizzare processi sia formali che informali per trasmettere le informazioni. Ha dichiarato di partecipare alle revisioni aziendali giornaliere e settimanali e ad altre riunioni con il GLT, durante le quali vengono discusse questioni quali la situazione dell'azienda, il modo in cui la direzione strategica e le iniziative si adattano all'ambiente e la direzione che TOG dovrebbe prendere. Le questioni discusse in queste riunioni vengono solitamente prese in considerazione dal GLT durante la formulazione della strategia. Ha affermato che durante queste riunioni è essenziale usare un linguaggio a cui i suoi superiori e i suoi colleghi possano riferirsi, per assicurarsi che anche loro comprendano le questioni che sta cercando di comunicare. Ha inoltre dichiarato di comprendere ciò che accade nell'organizzazione attraverso interazioni informali con i suoi colleghi manager, i suoi subordinati e i membri del GLT.

Ha dichiarato di avvalersi di interazioni formali e informali per trasmettere ai suoi subordinati le informazioni sulle iniziative strategiche. Ha indicato che TOG organizza incontri annuali e biennali con i municipi e altre sessioni interattive, in cui i manager interagiscono con i dipendenti in prima linea. Discutono di questioni quali le sfide incontrate dai dipendenti in prima linea nello svolgimento delle operazioni quotidiane e la posizione strategica di TOG nell'industria petrolifera ghanese. I manager presentano anche le nuove iniziative strategiche ai dipendenti in prima linea. Spiegano anche i processi di pensiero che portano alla formulazione di queste iniziative strategiche. L'intervistato ha affermato che lo scopo di questi incontri è quello di garantire che i dipendenti in prima linea e il GLT siano sulla stessa lunghezza d'onda riguardo a ciò che sta accadendo alla TOG. L'intervistato ha dichiarato che la sua partecipazione a questi incontri gli ha permesso di aiutare i suoi subordinati a capire le nuove iniziative che vengono lanciate dal GLT e dai dirigenti di Tullow Oil Plc.

Ha anche citato altre interazioni formali con il suo team, come i briefing giornalieri e settimanali, come vitali per garantire che i suoi subordinati comprendano gli obiettivi delle iniziative strategiche. Ha affermato che le interazioni informali tra lui e i suoi subordinati sono importanti e aiutano molto i subordinati a capire cosa ci si aspetta da loro. Ha detto che attraverso queste interazioni riesce anche a comprendere le sfide che incontrano. Sottolineando l'importanza di utilizzare i forum appropriati per introdurre nuove iniziative, ha detto;

"Posso dirle cosa non faccio: non informo i miei subordinati di nuove iniziative strategiche tramite e-mail".

Ha sottolineato ancora una volta l'importanza dell'uso del linguaggio quando interagisce con i suoi subordinati. L'intervistato ha detto;

"Alcune parole e frasi che uso nelle interazioni con i miei dirigenti e colleghi possono non essere rilevanti nelle interazioni con i miei subordinati e viceversa".

L'intervistato ritiene che i manager come lui, situati al centro di TOG, contribuiscano alla formulazione e all'attuazione della strategia e suggerisce di influenzare la strategia migliorando la comunicazione tra il GLT e i dipendenti di livello inferiore di TOG.

5. DISCUSSIONE DEI RISULTATI

Dopo aver presentato i risultati del questionario e dell'intervista nella sezione precedente, questa sezione del rapporto utilizza le questioni chiave identificate per discutere i risultati e ciò che essi implicano sull'influenza che i middle manager esercitano sulla formulazione e sull'attuazione della strategia in TOG. Si discute anche dei processi che essi attraversano per esercitare la loro influenza. Per discutere i risultati si utilizza una procedura simile alla costruzione di spiegazioni. Questa procedura utilizza la teoria della letteratura manageriale e i risultati per spiegare l'influenza strategica dei middle manager in TOG.

5.1 IL CONTENUTO DELL'INFLUENZA STRATEGICA DEL MIDDLE MANAGER IN TOG

Data la struttura organizzativa piatta di TOG, non è un compito semplice identificare i middle manager dell'organizzazione. Entrambi gli intervistati hanno sottolineato che attualmente non fanno parte del nucleo operativo e nemmeno del GLT, che è l'alta direzione di TOG. Tuttavia, entrambi hanno dichiarato di lavorare a stretto contatto con il nucleo operativo. FR ha affermato di riferire a un supervisore che lavora con il GLT, mentre l'intervistato ha dichiarato di partecipare a riunioni e revisioni aziendali con il GLT e di riferire direttamente a loro. Sulla base di queste risposte e della definizione di middle manager data da Wooldridge, Schmid e Floyd (2007), è chiaro che i nostri intervistati possono essere definiti middle manager. Questo perché le loro posizioni in TOG richiedono di lavorare a stretto contatto con il nucleo operativo e danno loro accesso al GLT. Il fatto che sia l'FR che l'intervistato interagiscano con gli stakeholder esterni, tra cui agenzie governative, appaltatori e altre compagnie petrolifere, implica che sono manager boundary-spanning, secondo la definizione di Floyd e Wooldridge (1997, citata da Currie e Procter, 2005). Essi fungono da collegamento con l'esterno e sono in grado di informare il GLT su ciò che accade nell'ambiente della TOG (Mintzberg, 1971).

Inoltre, dalle risposte emerge chiaramente che sia FR che l'intervistato esercitano un'influenza strategica verso l'alto. L'intervistato ha dichiarato di comunicare informazioni utili al GLT per la formulazione della strategia, il che è indicativo del tipo di coinvolgimento strategico del middle management definito come sintesi delle informazioni. L'intervistato ha anche affermato che il GLT incoraggia il comportamento imprenditoriale dei suoi dirigenti e dipendenti e accoglie con favore i suggerimenti di iniziative strategiche alternative da parte dei dirigenti. Ciò implica che l'intervistato esercita anche il secondo tipo di influenza verso

29

l'alto, descritto in precedenza come promozione di alternative (Currie e Procter, 2005; Mantere, 2008). L'intervistato ha dichiarato di fornire le sue "informazioni sintetiche" e iniziative alternative durante le riunioni e le revisioni aziendali. FR ha anche affermato di fornire informazioni che consigliano il GLT su come progettare i sistemi di approvvigionamento. La fornitura di tali informazioni implica che anche FR è coinvolto nella sintesi delle informazioni. Tuttavia, va notato che l'intervistato esercita due tipi di coinvolgimento strategico verso l'alto: sostiene le alternative e sintetizza le informazioni, mentre FR mostra un solo tipo di coinvolgimento verso l'alto, ovvero la sintesi delle informazioni.

Sia l'FR che l'intervistato indicano di lavorare a stretto contatto con il nucleo operativo nell'attuazione delle iniziative strategiche. Nel caso dell'FR, il suo ruolo si limita a guidare il nucleo operativo su come attuare le iniziative comunicategli dal suo supervisore. Questo tipo di coinvolgimento strategico è ciò che è stato descritto in precedenza come attuazione di una strategia deliberata. Le responsabilità dell'intervistato, che consiste nel trasmettere informazioni ai dipendenti di prima linea e nel lavorare a stretto contatto con loro per garantire il raggiungimento degli obiettivi delle iniziative strategiche, implicano che anche lui attui una strategia deliberata. Tuttavia, ha affermato di svolgere occasionalmente alcune attività che vanno oltre la semplice attuazione della strategia deliberata. Ha dichiarato che la GLT, e Tullow Oil Plc nel suo complesso, incoraggiano il personale ad avere spirito imprenditoriale. Ha affermato che in diverse occasioni, lui e i suoi subordinati hanno sviluppato o suggerito nuovi modi per raggiungere gli obiettivi delle iniziative strategiche. Pertanto, si può dedurre che l'intervistato esercita anche il secondo tipo di coinvolgimento verso il basso, descritto come facilitazione dell'adattabilità. In questo tipo di coinvolgimento nella strategia, il manager sviluppa processi e procedure che non sono stati prescritti dall'alta direzione, ma che sono ritenuti necessari dal manager per garantire che le attività quotidiane raggiungano gli obiettivi delle iniziative (Currie e Procter, 2005). Sempre secondo le sue risposte, l'intervistato esercita due tipi di influenza verso il basso: facilita l'adattabilità per attuare efficacemente le iniziative e implementa la strategia deliberata. La FR, invece, esercita solo un tipo di coinvolgimento verso il basso, ovvero l'attuazione di una strategia deliberata.

5.2 IL PROCESSO DI INFLUENZA STRATEGICA DEL MIDDLE MANAGER IN TOG

L'FR ha indicato che si avvale della sua esperienza e delle interazioni con i colleghi per dare un senso agli avvenimenti dell'organizzazione e del suo ambiente. L'uso delle interazioni con i suoi supervisori e colleghi per ottenere e condividere la comprensione di ciò che accade nell'organizzazione è indicativo di un processo di sensemaking. Ha anche indicato che usa un linguaggio che interessa alle parti con cui interagisce. Ciò significa che egli svolge una delle attività discorsive alla base del sensemaking, nota come "esecuzione della conversazione". Così, nelle conversazioni con i suoi subordinati, durante l'attuazione delle iniziative strategiche, egli elabora il suo linguaggio, utilizzando parole e frasi che siano significative e coinvolgenti per loro, in modo che possano comprendere appieno come implementare efficacemente le iniziative strategiche. Come illustrato nella Figura 2, utilizza la sua conoscenza del sistema socioculturale di TOG, utilizzando un linguaggio specifico e terminologie con cui i suoi subordinati possono facilmente identificarsi e comprendere. Interagendo con i suoi subordinati e svolgendo la conversazione, è in grado di aiutarli a comprendere il processo di pensiero che l'alta direzione ha seguito per formulare un'iniziativa strategica. Ciò consentirà loro di attuare la strategia come previsto dal GLT. Anche nel caso della fornitura di informazioni all'alta direzione, egli ha trasmesso la sua comprensione degli avvenimenti in TOG attraverso il suo diretto superiore. Ha affermato di utilizzare parole e frasi che siano significative e coinvolgenti per il suo superiore, in modo che quest'ultimo si convinca che le informazioni che sta fornendo valgono la pena di essere prese in considerazione durante la formulazione della strategia. Pertanto, FR utilizza un processo di sensemaking per influenzare sia il suo supervisore che i suoi subordinati.

L'intervistato utilizza anche processi che possono essere definiti di sensemaking per acquisire e condividere la comprensione delle iniziative strategiche e di altri eventi dell'organizzazione e del suo ambiente. Ha indicato che, oltre a utilizzare la propria esperienza e competenza per comprendere le tendenze e le iniziative, si affida anche alla comunicazione formale e informale tra sé e i suoi collaboratori per acquisire e condividere la comprensione delle iniziative strategiche. Ha indicato che quando fornisce informazioni per la formulazione della strategia e suggerisce strategie alternative, fa uso del linguaggio, attingendo al contesto, per trasmettere un messaggio che sia significativo per il GLT. Ciò implica che anche lui "esegue la conversazione". Ha affermato di fornire queste informazioni durante le riunioni e le revisioni aziendali. Queste riunioni sono convenienti perché i dirigenti sono presenti e disponibili ad ascoltare le sue opinioni e i suoi suggerimenti. La Figura 2 illustra che, "preparando la scena", i middle manager usano la loro conoscenza del contesto dell'organizzazione per identificare chi indirizzare e influenzare e le persone giuste da riunire.

Pertanto, scegliendo questo forum, l'intervistato "prepara la scena", dove i suoi suggerimenti e punti di vista possono essere ascoltati. L'intervistato intraprende quindi le due attività discorsive alla base del sensemaking per influenzare il GLT e le iniziative strategiche da esso formulate.

In termini di influenza verso il basso, l'intervistato si impegna in processi che gli consentono di influenzare l'esito delle attività di implementazione dei suoi subordinati e degli altri dipendenti in prima linea. Dopo essersi impegnato in interazioni formali e informali con i suoi superiori e colleghi manager per acquisire e condividere la comprensione, l'intervistato influenza anche le attività di implementazione interagendo con i suoi subordinati per trasferire loro la comprensione acquisita. Anche in questo caso, l'intervistatore ha indicato che utilizza parole e frasi pertinenti durante le riunioni e altre interazioni informali, per garantire che la sua comprensione venga trasferita ai suoi subordinati. Pertanto, come illustrato nella Figura 2, l'intervistato utilizza forum diversi per influenzare i due gruppi di stakeholder. Ha anche indicato che le parole e le frasi che usa nelle interazioni con l'alta direzione non sono le stesse che usa nelle interazioni con i suoi subordinati. Pertanto, attinge al contesto per avviare una conversazione che sia significativa per i suoi subordinati. Anche in questo caso l'intervistato "esegue la conversazione". Questi scambi verbali avvengono di solito durante le riunioni e i briefing quotidiani con i suoi subordinati, durante i quali l'intervistato "prepara la scena", un'altra attività discorsiva alla base del sensemaking. Oltre a queste attività che l'intervistato svolge con i subordinati della sua unità, ha indicato che partecipa anche alle riunioni cittadine organizzate dal GLT.

In questi incontri, l'intervistato e i suoi colleghi manager utilizzano un processo di sensemaking per garantire che il nucleo operativo di TOG comprenda le nuove iniziative strategiche e altre cose che accadono nell'organizzazione. Questi incontri possono essere descritti anche come un'attività discorsiva di preparazione della scena. Durante questi incontri, che vengono "messi in scena" con tutti gli esperti del settore a disposizione per spiegare le iniziative, il GLT e gli altri manager di TOG cercano di utilizzare la loro conoscenza del contesto in cui operano i lavoratori per spiegare le iniziative strategiche e altri eventi dell'organizzazione e del suo ambiente. Ancora una volta, l'intervistato ha menzionato l'uso di parole e frasi pertinenti quando interagisce con i lavoratori, al fine di garantire che i dipendenti in prima linea acquisiscano la stessa comprensione che il GLT e gli altri manager, compreso lui, hanno delle iniziative strategiche. Avere la stessa comprensione implica che il

GLT, gli altri manager e il nucleo operativo abbiano un significato condiviso delle iniziative strategiche. Ciò garantirà che i dipendenti in prima linea attuino le strategie formulate dal GLT secondo le intenzioni di quest'ultimo.

5.3 FATTORI CONTESTUALI CHE INFLUENZANO L'INFLUENZA STRATEGICA DEL MIDDLE MANAGER A LIVELLO DI TOG

Da quanto emerso, è evidente che esistono fattori contestuali che influenzano l'entità e il tipo di influenza che l'FR e l'intervistato esercitano sull'attuazione e sulla formulazione della strategia. Innanzitutto, entrambi gli intervistati occupano posizioni di confine . Secondo la letteratura, questo è uno dei motivi per cui le informazioni che forniscono vengono prese in considerazione dalla GLT. Inoltre, in quanto boundary spanner, il FR e l'intervistato si trovano in una posizione centrale nella rete interna del TOG e sono in grado di ottenere informazioni che possono utilizzare per influenzare la formulazione e l'attuazione delle iniziative strategiche (Pappas e Wooldridge, 2007). In secondo luogo, come accennato in precedenza, FR ritiene che l'influenza verso l'alto che esercita, le informazioni che fornisce all'alta direzione, siano il risultato del fatto che il suo dipartimento si occupa degli acquisti di beni e servizi per TOG. È quindi in grado di esercitare un'influenza grazie all'elevato livello di correlazione tra le attività della sua unità e quelle di TOG. L'intervistato, d'altra parte, ha espresso l'opinione che le informazioni fornite da lui e da altri manager di TOG sono prese in considerazione perché TOG rappresenta gran parte delle entrate e delle uscite del gruppo. Ha inoltre dichiarato di comunicare le sue informazioni e i suoi suggerimenti direttamente al GLT durante le riunioni e le revisioni aziendali. Le risposte dell'intervistato suggeriscono che l'influenza ascendente che esercita è il risultato del fatto che riferisce direttamente al GLT e delle dimensioni della business unit TOG rispetto alle dimensioni dell'intero gruppo.

La terza serie di fattori contestuali che influenzano l'influenza strategica degli intervistati di questo studio sono le condizioni che il GLT di TOG fornisce per consentire la loro agenzia strategica (Mantere, 2008). Durante le revisioni aziendali con il GLT, l'intervistato discute le nuove iniziative e fornisce informazioni che possono essere utilizzate per sviluppare quelle attuali. Pertanto, il GLT gli fornisce le condizioni che gli consentono di esercitare un'influenza ascendente sulla strategia. Coinvolgendolo nella pianificazione delle iniziative, è in grado di sostenere le alternative. Inoltre, fornendogli un feedback su come le informazioni da lui fornite sono state utilizzate per formulare le iniziative, l'agenzia strategica dell'intervistato è in grado di sintetizzare le informazioni al top management. Nel caso dell'influenza verso il basso dell'intervistato, altre condizioni fornite dal GLT consentono il suo intervento strategico mentre svolge le sue mansioni. L'intervistato ha menzionato che il GLT e i dirigenti di livello più alto incoraggiano il personale ad avere spirito imprenditoriale nello svolgimento delle proprie mansioni. Questa fiducia nella competenza dei quadri e degli altri dipendenti da parte del GLT nel trovare nuovi modi per risolvere i problemi, abilita l'agenzia strategica dell'intervistato e gli permette di facilitare l'adattabilità. L'agenzia strategica dell'intervistato è abilitata anche quando lavora con i dipendenti in prima linea per attuare la strategia deliberata. Ciò è dovuto al fatto che la GLT fornisce anche le condizioni abilitanti che permettono la sua agenzia. Queste sono state identificate in precedenza come narrazione, allocazione delle risorse e contestualizzazione. In termini di narrazione, le interazioni dell'intervistato con il GLT durante le riunioni gli permettono di comprendere il processo di pensiero che porta alla formulazione delle iniziative strategiche. Il fatto che TOG rappresenti gran parte delle spese del gruppo, anche se questo potrebbe cambiare con l'avvio della produzione di altre unità aziendali, significa che l'alta direzione fornisce ai manager e al personale di TOG le risorse per sostenere le loro iniziative strategiche. Questo dà all'intervistato, e agli altri manager, la sensazione che l'alta direzione sia impegnata nelle iniziative strategiche e consente alla sua agenzia strategica di implementare le iniziative strategiche. Inoltre, fornendo iniziative strategiche rilevanti per il contesto in cui l'intervistato e gli altri dipendenti di TOG lavorano, la loro agenzia strategica è in grado di implementare efficacemente le iniziative strategiche (Mantere, 2008).

Nel caso del FR, la sua agenzia strategica è abilitata dal fatto che egli ritiene che i GLT agiscano in base alle informazioni che egli fornisce loro attraverso i suoi superiori. Ciò consente la sua agenzia strategica e lo motiva a sintetizzare le informazioni per il top management. Anche nel caso dell'influenza verso il basso dell'FR, le condizioni menzionate in precedenza, che consentono all'agenzia strategica dell'intervistato di attuare le iniziative strategiche, consentono anche all'agenzia strategica dell'FR di lavorare con i dipendenti di prima linea per attuare le iniziative strategiche. Tuttavia, nel caso dell'FR la narrazione fornita dal GLT avviene durante le riunioni cittadine, piuttosto che durante le riunioni e le revisioni aziendali, come nel caso dell'intervistato. Inoltre, la possibilità che i middle manager di TOG sperimentino conflitti di ruolo è ridotta al minimo grazie alla struttura piatta dell'organizzazione e all'importanza attribuita alla comunicazione tra tutti i livelli gerarchici. Le interazioni regolari tra i due intervistati, FR e l'intervistato, e i loro rispettivi subordinati attraverso forum, come le riunioni cittadine e i briefing settimanali, consentono ai subordinati di conoscere i processi di pensiero che portano alla formulazione delle iniziative e ciò che ci si aspetta da loro nell'attuazione di tali iniziative. In questo modo si eliminano i problemi di conflitto di ruolo e di ambiguità dei dirigenti intermedi.

Dalla discussione dei risultati di questa sezione, l'autore trae alcune conclusioni sul ruolo strategico dei middle manager in TOG nella sezione successiva del rapporto. Sulla base di queste conclusioni, l'autore formula delle raccomandazioni su come migliorare il ruolo strategico dei middle manager in TOG, al fine di garantire che TOG, e Tullow Oil Plc nel suo complesso, continuino a raggiungere il successo degli ultimi anni.

6. CONCLUSIONI

Tullow Oil Plc. ha riscosso un incredibile successo nel corso degli anni ed è ora classificata come la principale società di esplorazione indipendente del Regno Unito (Deloitte, 2012). Questo rapporto sostiene che questo successo si basa sulla capacità di identificare le giuste opportunità e tendenze per formulare le giuste strategie e iniziative, e sulla capacità di implementarle efficacemente. Ciò implica che ciò che accade al centro dell'organizzazione è molto importante, poiché i middle manager mediano tra l'alta direzione e i dipendenti in prima linea. Il rapporto analizza il modo in cui i middle manager influenzano la formulazione e l'attuazione delle iniziative strategiche. Utilizzando le informazioni provenienti da dati primari ottenuti come pilota, questo studio ha trovato le risposte alle tre domande di ricerca poste nell'introduzione del rapporto;

1.   Che tipo di influenza strategica esercitano i middle manager di Tullow Oil Ghana?

2.   In che modo i fattori contestuali di Tullow Oil Ghana inibiscono o permettono ai middle manager di influenzare la strategia?

3.   In che modo i middle manager influenzano la strategia di Tullow Oil Ghana?

Dalla discussione dei risultati, la prima conclusione è che i middle manager di TOG influenzano sia la formulazione che l'attuazione delle iniziative strategiche. Essi esercitano un'influenza ascendente sulla strategia fornendo informazioni che il GLT utilizza nella formulazione delle iniziative strategiche e suggerendo strategie alternative al GLT. Le informazioni che forniscono sono ottenute dalle loro interazioni con gli stakeholder interni ed esterni di TOG. Anche i quadri intermedi esercitano un'influenza strategica verso il basso nelle loro attività quotidiane in TOG. Lavorano a stretto contatto con i dipendenti in prima linea per attuare le iniziative strategiche formulate dall'alta direzione di TOG. Al fine di implementare efficacemente la strategia come previsto dalla GLT, essi intraprendono i due tipi di coinvolgimento che costituiscono l'influenza strategica verso il basso: implementano la strategia deliberata e facilitano l'adattabilità.

I quadri sono in grado di influenzare la strategia di TOG grazie ad alcuni fattori contestuali presenti in TOG. In primo luogo, i manager di TOG sono in grado di esercitare un'influenza ascendente sulla strategia perché TOG rappresenta gran parte delle entrate e delle spese del gruppo. In secondo luogo, il GLT e gli altri dirigenti di TOG offrono ai quadri intermedi condizioni che consentono loro di contribuire alla formulazione e all'attuazione della strategia. Nel caso dell'attuazione della strategia deliberata, il GLT racconta i processi di pensiero che portano alla formulazione delle iniziative strategiche. Le iniziative sono specifiche del contesto e di solito hanno una serie di obiettivi ben definiti. La GLT fornisce anche le risorse necessarie per attuare efficacemente la strategia. Ciò consente all'agenzia strategica del middle management di svolgere il proprio ruolo di attuazione della strategia deliberata. Il GLT si fida anche della competenza dei dirigenti intermedi e li incoraggia ad avere spirito imprenditoriale nell'esercizio delle loro funzioni. L'incoraggiamento all'imprenditorialità consente ai dirigenti intermedi di sperimentare nuovi modi di attuare le iniziative strategiche senza temere punizioni ingiustificate in caso di fallimento dell'esperimento. Questa fiducia reciproca, tra il middle management e il GLT, consente ai middle manager di facilitare l'adattabilità nell'attuazione delle iniziative strategiche. Il GLT fornisce inoltre alcune condizioni che consentono all'intervento strategico dei dirigenti intermedi di esercitare un'influenza ascendente. Il GLT fornisce ai manager intermedi un feedback su come le informazioni che essi comunicano al GLT vengono utilizzate nella formulazione delle iniziative strategiche. Ciò consente ai middle manager di continuare a sintetizzare le informazioni per il GLT nello svolgimento delle loro mansioni presso TOG. Nel caso della promozione di alternative, il GLT coinvolge alcuni middle manager nel processo di pianificazione strategica. Ciò consente ai middle manager di suggerire strategie alternative durante la formulazione delle iniziative strategiche. Queste condizioni fanno dei dirigenti intermedi una risorsa strategica per TOG e li incoraggiano a utilizzare le loro competenze e conoscenze per influenzare la strategia. Inoltre, l'importanza attribuita alla comunicazione tra i diversi livelli della gerarchia organizzativa e la natura piatta della struttura organizzativa di Tullow Ghana riducono al minimo la possibilità che i middle manager sperimentino conflitti di ruolo e ambiguità, che limitano l'influenza strategica dei manager, mentre lavorano con i dipendenti di prima linea per attuare efficacemente la strategia.

Dall'analisi dei risultati, si può concludere che i middle manager di TOG influenzano la strategia attraverso processi simili a quelli di sensemaking. Dopo aver utilizzato le loro conoscenze e competenze e le interazioni con gli stakeholder interni ed esterni per comprendere le iniziative e le tendenze, influenzano i loro colleghi, superiori e subordinati attraverso interazioni formali e informali. Influenzano la formulazione delle iniziative strategiche interagendo con i loro superiori durante le riunioni e le revisioni aziendali. Nel corso di queste attività, i middle manager ricorrono alle attività discorsive di "preparazione della scena" e "svolgimento della conversazione". Per preparare la scena, scelgono riunioni e revisioni aziendali, in cui sono presenti dirigenti di alto livello, per fornire informazioni e suggerire iniziative alternative. Nel corso di queste riunioni, intraprendono anche l'altra attività discorsiva nota come "esecuzione della conversazione". Nell'eseguire la conversazione, usano parole e frasi significative e attraenti per gli interessi del senior management, per condividere la loro comprensione delle tendenze e per convincerli a prendere in considerazione le informazioni e le altre iniziative alternative che propongono. I manager intermedi di TOG influenzano anche l'attuazione delle iniziative strategiche avviando processi e attività simili a quelli che intraprendono quando influenzano la formulazione delle iniziative strategiche. Dopo aver interagito con i loro superiori e colleghi per comprendere le iniziative strategiche, i middle manager coinvolgono i loro subordinati in scambi verbali, durante i quali cercano di trasmettere la loro comprensione dell'iniziativa ai loro subordinati. Anche in questo caso, sono loro a preparare la scena e a condurre la conversazione. Interagiscono con i loro collaboratori durante le riunioni e i briefing quotidiani e utilizzano parole e frasi significative per i loro subordinati, al fine di rendere chiari gli obiettivi delle iniziative strategiche. Partecipano a forum come le riunioni cittadine, dove svolgono anche le attività discorsive descritte sopra. Ciò consente ai dirigenti intermedi di influenzare l'esito delle attività di attuazione dei loro subordinati.

6.1 RACCOMANDAZIONI

Dalle conclusioni, è evidente che i middle manager di TOG influenzano la formulazione e l'attuazione delle iniziative strategiche, contribuendo al successo dell'organizzazione. Tuttavia, alcune misure possono essere messe in atto per abilitare ulteriormente l'agenzia strategica dei middle manager, al fine di garantire che TOG, e Tullow Oil, continuino a godere del successo in tutte le loro attività e a favorire il rinnovamento strategico.

Raccomando che il GLT fornisca un forum attraverso il quale tutti i middle manager con confini diversi, come l'FR, che non riportano direttamente al GLT, possano interagire con i membri del GLT. Sebbene il FR riceva feedback dall'alta direzione attraverso il suo superiore, lui e altri manager come lui saranno maggiormente in grado di esercitare un'influenza strategica se interagiranno con il GLT. Interagendo con il GLT, l'FR sarà anche in grado di promuovere alternative, come nel caso dell'intervistato. Incoraggiare tutti i manager boundary-spanning a esercitare un'influenza verso l'alto sulla strategia avrà un'influenza positiva sulla performance organizzativa, poiché l'influenza verso l'alto dei middle manager boundary-spanning è positivamente correlata alla performance organizzativa (Currie e Procter, 2005).

Ritengo inoltre essenziale che TOG e Tullow Oil plc perseguano una politica volta a incoraggiare il continuo rinnovamento delle proprie capacità strategiche al fine di sostenere il proprio vantaggio competitivo. A tal fine, è necessario incoraggiare i middle manager che si estendono su più fronti e quelli che non si estendono su più fronti e che si trovano in posizione centrale nella rete interna di TOG, a impegnarsi in attività strategiche divergenti e a promuovere iniziative alternative. Il GLT può incoraggiare questo aspetto adottando ulteriori misure per incoraggiare il comportamento imprenditoriale dei dirigenti intermedi. Dovrebbe inoltre istituire un processo di arbitraggio di iniziative e strategie alternative in modo trasparente. Ciò consentirà ai middle manager di disporre di un'agenzia strategica e li incoraggerà a formulare idee che saranno vantaggiose per TOG e Tullow Oil plc. (Mantere, 2008; Pappas e Wooldridge, 2007).

Come accennato in precedenza in questa sezione, i middle manager di TOG influenzano la formulazione e l'attuazione della strategia attraverso processi di sensemaking sostenuti dalle attività discorsive di setting the scene e performing the conversation. Data l'importanza di queste attività, propongo di condurre ulteriori ricerche per determinare quanto i manager di TOG, e di altre compagnie petrolifere, siano competenti nello svolgere queste attività. Suggerisco inoltre che l'alta dirigenza di Tullow Oil plc. investa in programmi di sviluppo manageriale per i middle manager di tutte le unità aziendali del gruppo, al fine di sviluppare ulteriormente le loro capacità di svolgere queste attività.

RIFERIMENTI

Johnson, G., Whittington, R. e Scholes, K., Exploring Strategy: Texts and Cases, (9th edition) (Harlow, England: Pearson Education Ltd, 2011)

Saunders, M., Lewis, P. e Thornhill, A., Research Methods for Business Students, (5th edizione) (Harlow, Inghilterra: Pearson Education Ltd, 2009).

Weick, K. E., Sensemaking in Organizations (Londra, Regno Unito: SAGE Publications Ltd, 1995).

Balogun, J., Gleadle, P., Hailey, V.H., e Willmott, H., *Gestire il cambiamento attraverso*

Confini: Boundary-Shaking Practices, Volume 6 BJM 261-278 (2005)

Balogun, J. e Johnson, G., *From Intended Strategies to Unintended Outcomes: The Impact of Recipient Sensemaking,* Organization Studies Online First 1-29 (2005)

Caughron, J.J e Mumford, M.D, *Embedded Leadership: How Do a Leader's Superiors impact Middle Management Performance,* 23 The Leadership Quarterly 342-353 (2012).

Currie, G. e Procter, S. J *The Antecedents of Middle Manager's Strategic Contribution: The Case of a Professional Bureaucracy,* Volume 42(7) JMS 13251356 (2005)

Maitlis, S. e Sonenshein, S., *Sensemaking in Crisis and Change: Inspiration and Insights from Weick (1988),* Volume 47(3) JMS 551-580 (2010)

Mantere, S., *Role Expectations and Middle Manager Strategic Agency,* Volume 5(2) JMS 294-316 (2008)

Mintzberg, H, *Il lavoro manageriale: Analysis From Observation,* Volume 18(2) Management Science 97-110 (1971)

Pappas, J.M e Wooldridge, B., *Middle Manager's Divergent Strategic Activity: An Investigation of Multiple Measures of Network Centrality,* Volume 44(3) JMS 323-341 (2007)

Roleau, L., *Micro-Practices of Strategic Sensemaking and Sensegiving: How Middle Managers Interpret and Sell Change Everyday,* Volume 42(7) JMS 14131441 (2005)

Roleau, L. e Balogun, J., *Middle Managers, Strategic Sensemaking, and Discursive Competence,* Volume 48(5) JMS 953-983 (2011)

Watson, A. e Wooldridge, B., *Business Unit Manager Influence on CorporateLevel Strategy*

Formulation, Volume 17(2) Journal of Managerial Issues 147-161 (2005)

Wooldridge, B., Schmid, T. e Floyd, S.W, *The Middle Management Perspective on Strategy Process: Contributi, sintesi e futuro,* Volume 34(6) JMS 11901221 (2008)

Yang, J., Zhang, Z. e Tsui, A. S, *Leadership del middle manager e prestazioni dei dipendenti frontline: Bypass, Cascading and Moderating Effects,* Volume 47(4) JMS 654-678 (2010)

Deloitte, *Oil and Gas Reality Check 2011: A Look at The Top Issues Facing The Oil and Gas Sector,* Deloitte Global Services Ltd (2010).

Exxon Mobil Corp, *2012 Outlook for Energy: A view to 2040,* su www.exxonmobil.com/energyoutlook (visitato l'ultima volta il 15 agosto 2012).

Tullow Oil Plc, *Relazione annuale e bilanci 2011,* 2011

Deloitte, *UK Upstream Independents League Table 2011,* http://www.deloitte.com/view/en GB/uk/industries/eiu/oil-gas/uk-upstream- independents-league-table2011/index.htm a (15th agosto 2012)

Michelman, P., *How Will You Turn Top-Level Strategy Into Unit-Level Action,* (27th febbraio 2008) in http://blogs.hbr.org/hmu/2008/02/how-will-you-turn-toplevel- str-1.html (ultima visita 16 agosto 2012)

Oil and Gas Journal Editors, *Tullow to Acquire Hardman Resources,* (26th settembre 2006) in http://www.ogj.com/articles/2006/09/tullow-oil-to-acquire- hardman-resources.html (ultima visita 16 agosto 2012)

Oil and Gas Journal Online Staff, *BP Sells Tullow Some of Thames-Hewett Assets,* (4 aprile 2001) in http://www.ogj.com/articles/2001/04/bp-sells-tullow-some-of- thames-hewett-assets.html (visitato l'ultima volta il 16 agosto 2012)

Thompson, C., *Tullow Buys North Sea Assets,* (24 maggio 2011) in http://www.ft.com/ cms/s/0/188bc88e-861a-11 e0-9e2c-

00144feabdc0 .html#axzz23kpsUDAo (ultima visita 15th luglio 2012)

Tullow Oil Plc, *Our History and Performance,* su http://www.tullowoil.com/index.asp?pageid=13 (ultima visita 15th luglio 2012).

Watkins, E., *Tullow Makes Oil Discovery Off Ghana,* (25 marzo 2009) in http://www.ogj.com/articles/2009/03/tullow-makes-oil-discovery-off-ghana.html (visitato l'ultima volta il 29 luglio 2012).

APPENDICE

A. DOMANDE UTILIZZATE PER I QUESTIONARI E LE INTERVISTE

1. Ha rapporti o accesso ai dirigenti di Tullow Ghana?

2. Lavora a stretto contatto con il nucleo operativo o con i manager di livello inferiore di Tullow Ghana?

3. La vostra posizione all'interno dell'organizzazione richiede di interagire con stakeholder esterni all'organizzazione, ad esempio agenzie governative, appaltatori, fornitori, la compagnia petrolifera nazionale o altre compagnie petrolifere?

4. Può raccontare un momento in cui le informazioni ottenute da queste interazioni sono state utilizzate dal senior management durante la formulazione di iniziative strategiche?

5. Come fate a garantire che la comprensione ottenuta dall'interpretazione di queste informazioni venga trasmessa al senior management?

6. In che modo i dirigenti vi incoraggiano a fornire loro tali informazioni?

7. Può raccontare una volta in cui le informazioni ottenute dalle interazioni con i suoi subordinati o con altre parti interessate al di fuori di Tullow l'hanno portata a suggerire strategie alternative al senior management?

8. Secondo lei, quali dei seguenti fattori influenzano il senior management a prendere in considerazione i suoi suggerimenti?

• La correlazione delle attività della vostra unità con il core business di Tullow Ghana.

• Le dimensioni dell'unità in cui si lavora.

• Natura del rapporto con i dirigenti.

9. Quali azioni intraprendono i senior manager per incoraggiarvi a partecipare alle attività che influenzano l'attuazione e la formulazione della strategia?

10. Potete raccontare una volta in cui avete dovuto usare la vostra discrezione per progettare pratiche o procedure di lavoro volte a migliorare le iniziative strategiche dell'alta direzione?

11. Potete raccontare una volta in cui vi siete impegnati in interazioni informali con i vostri colleghi e/o supervisori per interpretare e comprendere un'iniziativa strategica del top management?

12. Quali sono gli altri processi da seguire per dare un senso a un'iniziativa strategica del top management?

13. Come fate a garantire che la comprensione acquisita, grazie ai processi descritti sopra, venga trasmessa ai dipendenti in prima linea per l'implementazione?

14. Quali sono stati i risultati delle iniziative strategiche quando avete intrapreso il tipo di processi descritti sopra?

15. In che modo le relazioni informali e le interazioni con gli altri lavoratori di Tullow Ghana la aiutano a svolgere il suo ruolo strategico nell'organizzazione?

16. In che modo la sua esperienza di manager e la sua conoscenza dell'organizzazione (persone, sistemi socioculturali, regole di ingaggio, ecc.) la aiutano a svolgere il suo ruolo strategico in Tullow Ghana?

17. Potete raccontare una volta in cui i manager sono stati scavalcati e un'iniziativa strategica è stata presentata direttamente ai dipendenti in prima linea? Qual è stato il risultato dell'iniziativa?

18. In che modo le sue attività di middle manager in Tullow Ghana hanno un impatto sulla formulazione e sull'attuazione della strategia?

INTERVISTE E QUESTIONARI

Rispondente	Strumento utilizzato	Data
Primo Rispondente	Questionario	20 agosto 2012
Intervistato	Intervista	23 agosto 2012

B. ABBREVIAZIONI

Barrels of oil equivalent	**boe**
Chief Executive Officer	**CEO**
Exploration and Production	**E&P**
First Respondent	**FR**
Ghana Leadership Team	**GLT**
Health Safety and Environment	**HSE**
Million barrels of oil equivalent	**mmboe**
Tullow Oil Ghana	**TOG**

Milton Keynes UK
Ingram Content Group UK Ltd.
UKHW030144051224
452010UK00001B/166

9 786208 321505